LA

SUBVENTION

DE

L'OPÉRA

PAR JEAN DAVID

DÉPUTÉ DU GERS

AUCH

IMPRIMERIE TYPOGRAPHIQUE DE CHARLES LECOCQ

MDCCCLXXIX

LA SUBVENTION DE L'OPÉRA

Par JEAN DAVID

DÉPUTÉ DU GERS

AUCH

IMPRIMERIE TYPOGRAPHIQUE DE CHARLES LECOCQ

LA SUBVENTION

DE L'OPÉRA

Il est un peu embarrassant de venir dire au public que l'Opéra est un monument trop riche et trop coûteux. Soutenir une pareille thèse, c'est combattre le plaisir auquel les Parisiens sont le plus sensibles ; c'est animer contre soi tous les admirateurs du décor et du ballet, et se faire des ennemis d'autant plus à redouter qu'ils sont plus aimables. Cependant, quelque délicate que soit la question, je l'aborderai avec une entière franchise, obéissant à une conviction réfléchie, et persuadé que je plaide non-seulement la cause des finances et des institutions républicaines, mais celle de l'art lui-même.

Lorsque, au mois de juillet dernier, j'ai proposé à la Chambre de retirer à l'Opéra sa subvention, la commission du budget, ou tout au moins son excellent rapporteur pour les beaux-arts, M. Antonin Proust, n'a pas paru se préoccuper outre mesure de la grave question soulevée par l'amendement que j'avais eu l'honneur de présenter, et que j'ai si mal défendu. Peut-être a-t-il eu raison ; mais, au moins, peut-on protester contre la légèreté avec laquelle il s'est dispensé de motiver sa décision. Pour repousser un amendement, il ne suffit pas de consigner dans un rapport qu'il a été présenté par M. David, du Gers, surtout quand cet amendement a pour but de réaliser une économie de 800,000 fr.

Il ne s'agit pas de savoir si l'auteur de l'amendement est du Gers ou du Cantal ; la question est très-sérieuse et très-difficile. Quoique circonscrite au théâtre de l'Opéra, elle est liée à la question plus importante encore de l'intervention de l'État dans les choses de l'art.

Je poserai ainsi le problème : l'État doit-il

avoir des théâtres subventionnés, et l'Opéra, tel qu'il est aujourd'hui, doit-il être un de ces théâtres ?

Je me propose de démontrer que la subvention dont il est doté doit être supprimée non-seulement parce qu'elle est contraire aux règles d'une sage économie politique, mais aussi parce qu'elle ne peut produire les résultats auxquels elle est destinée dans l'esprit de M. le Ministre. C'est à ces deux points de vue que j'examinerai brièvement la question. Cette thèse peut être présentée aujourd'hui avec opportunité, car c'est maintenant seulement, depuis 1870, que les représentants du pays peuvent faire le budget dans des conditions normales, et que les républicains peuvent régler les finances de la République, sans autre souci que celui d'appliquer les principes véritablement démocratiques.

I

La subvention de 800,000 fr. dont jouit l'Opéra, est payée par l'État; mais comme l'État est un être moral qui se compose de vous, de moi, de nous tous, on peut assimiler cette subvention à un véritable impôt que l'ensemble des contribuables paye tous les ans. Cet impôt est-il juste?

Si ma proposition n'avait pas un but absolument spécial, ce serait le cas de rappeler ici quels sont les vrais principes républicains en matière d'impôt. Mais tout le monde est d'accord sur ce point. Qu'il me suffise de dire, en invoquant le souvenir du rapport présenté par M. Gambetta, au nom de la première commission du budget, il y a trois ans, que l'*impôt ne doit être payé qu'à l'État, et pour les besoins de l'État.*

Examinons donc si la subvention de 800,000 fr. consacrée à l'éclat des représentations de l'Opéra est un impôt payé à l'Etat, pour le développement de sa prospérité, et, si je puis dire, de sa force gouvernementale.

Il est certain, et je suis le premier à le reconnaître, « que les arts élargissent et élèvent l'âme d'une nation. » Ce sont les propres expressions de Bastiat qui, dans un de ses immortels petits pamphlets, a discuté la question. Je ne veux point fatiguer le lecteur en citant d'autres économistes, et je me contente de présenter mes observations sous l'égide de cette grande autorité. Je pourrais aussi m'appuyer sur l'opinion des grands économistes, non seulement de l'école de Manchester, mais aussi de quelques-uns de ceux qu'en dehors de l'école on appelait, en 1848, des *socialistes*. Mais il est inutile d'insister.

Il semble donc au premier abord, que les 800,000 fr. soient un impôt payé à l'État, puisque l'État en retire immédiatement un profit moral. Mais voici où se rencontre la difficulté : Sous prétexte que les arts, en donnant au peuple le sentiment du beau, réagissent favorablement sur ses idées, sa manière de vivre, et même son industrie, le législateur a-t-il le droit d'ébrécher le salaire de l'artisan (c'est toujours Bastiat qui parle), pour constituer un supplément de profit à l'artiste ? Est-il juste, comme le dit encore M. de Molinari, de taxer le paysan de la Bretagne et de la Gascogne pour subventionner les théâtres de Paris ? Ici, pour tout homme de bon sens, la réponse ne saurait être douteuse.

Il y a deux faits qu'il serait puéril de nier et qu'il importe de bien établir :

1° La majorité des contribuables ne retire qu'un profit à peu près nul des magnificences de l'Opéra.

Sans doute, le peuple qui est à Paris tire jouissance et profit des spectacles qu'on lui donne ; mais le peuple qui est dans les provinces, celui qui est dans les campagnes, et qui, en somme, mérite comme l'autre l'attention d'un gouvernement démocratique, quel bienfait reçoit-il de l'œuvre à laquelle il a contribué ? Quels services rend-on, en échange de leurs charges, à ces laborieux paysans qui vivent sur leur champ et n'entreront jamais dans une salle de théâtre ?

2°. La subvention de l'Opéra favorise non pas l'art, mais les *artistes*.

M. de Lamartine disait, en 1850 : Si on supprime la subvention d'un théâtre, où s'arrêtera-t-on dans cette voie ? Ne sera-t-on pas logiquement et fatalement entraîné à supprimer les musées, les bibliothèques, les instituts, les écoles des beaux-arts, etc., etc?

A cela je réponds :

S'il est très nécessaire que l'État encourage et protège les *arts*, l'État ne doit en aucune façon encourager et protéger les *artistes*, qui, comme tous les autres citoyens, n'ont droit qu'à la justice et à la liberté.

Or, je le demande en toute sincérité, en donnant à l'Opéra une subvention de 800,000 fr., est-ce l'art que l'on encourage ou les artistes que l'on subventionne ? Ce que je dis de l'Opéra, je pourrais le dire non seulement de certains autres théâtres de Paris, mais aussi et avec plus de vérité encore, des théâtres de province auxquels les municipalités donnent des subventions. Les résultats les plus évidents sont, non pas d'élever le niveau de l'art, mais de surélever le salaire des artistes. Il arrive aujourd'hui qu'un jeune homme ou une prima dona, après avoir passé un ou deux ans au Conservatoire, gagnent en une soirée autant et plus qu'un juge de paix en un an. Et cependant, personne ne me contestera qu'un bon juge de paix est autrement utile au pays qu'un bon ténor ou une bonne chanteuse.

En serrant la question de plus près et tout en me tenant dans les limites de mon sujet, je voudrais montrer que la prospérité de l'Opéra, telle qu'on l'entend actuellement, n'a rien de commun avec celle de l'art, et qu'il importe très-peu à l'éducation morale que la République doit donner au peuple, que nous ayons une Académie nationale de musique et encore moins une Académie nationale de danse. Mais, auparavant, que l'on me permette quelques détails historiques.

La question des subventions théâtrales a été plusieurs fois débattue devant les Chambres françaises, notamment en 1850, à l'Assemblée législative de la seconde République. C'était à l'occasion du budget ; on discutait le problème en pleine session, au mois d'avril ou de mai. Il s'agissait aussi de musique ; on proposait de donner une subvention de 60,000 fr. au Théâtre-Italien. La discussion fut brillante et, dépassant le point de vue spécial, prit bientôt un caractère général. L'Assemblée vota la subvention par trois cents voix contre deux cents. Dans la minorité, je vois le nom de personnages qui sont encore à la Chambre, et je fais appel à leurs souvenirs. Berryer était rapporteur du budget et Lamartine soutenait la demande de subvention ; ils dirent si éloquemment que, si on ne donnait pas ces 60,000 fr., aux *Italiens*, c'en était fait de l'art musical dans notre pauvre pays de France, que la Chambre accorda la somme.

Cependant, depuis plusieurs années, le

Théâtre-Italien n'existe plus ; et, comme je suis trop du Gers pour oser avoir une opinion en pareille matière, je demanderai à mon honorable collègue, M. Proust, si l'art musical est tombé en décadence, ou si, au contraire, il n'est pas allé toujours grandissant ?

Ce qu'en 1850, on disait pour le Théâtre-Italien, on l'a redit pour l'Opéra ; on m'a objecté qu'il ne pourrait exister sans subvention, et que sa disparition serait fatale à l'art musical et chorégraphique. Cette objection est très-superficielle : l'art non-seulement en France, mais partout, se développe nécessairement, indépendamment de toutes les influences qu'un gouvernement peut exercer sur lui. Ce n'est pas le retrait d'une subvention de 800,000 fr. qui pourra arrêter son essor continu et éternel.

Mais qu'est-ce donc que cet Opéra que la République croit devoir subventionner ?

Je ne veux pas raconter son histoire depuis Lulli ; je le prends tel qu'il est aujourd'hui, et je demande si le pays ne s'est pas imposé pour lui des sacrifices, qui, s'ils furent compréhensibles sous un gouvernement monarchique et aristocratique, sont absolument inadmissibles sous un gouvernement républicain et démocratique.

Loin de moi la pensée de songer à la politique et de faire appel à des sentiments de division entre les diverses classes de la société. Mais je dis : Voyez ce monument ! Il est le symbole des excès ruineux et corrupteurs du luxe impérial. Dans ce palais où les richesses du monde ont été entassées et où l'on semble avoir voulu réunir la plus grande somme de bien-être et de jouissances possibles, tout tend à l'excitation des sens, tout porte dans l'âme du spectateur la mollesse ou la convoitise. A part les dilettanti, la masse du public ne voit dans l'Opéra que l'image du plaisir, le magnifique étalage de la richesse. Il vient là pour jouir. Cette éblouissante profusion de pourpre, d'or, d'argent, de marbres, de décors, de costumes; ces ballerines se jouant dans un nuage de gaze éclairé par la lumière électrique ; tout cela, je le demande, est-il de la musique ? est-ce là que peut fleurir et se développer l'art républicain, qui doit être simple pour être véritablement grand ? Il y a loin de ce luxe inouï à l'art véritable ; les chefs-d'œuvre de la musique n'ont pas plus besoin, pour être appréciés, de cette mise en scène fastueuse et extravagante, que les chefs-d'œuvre des Shakspeare, des Corneille, des Molière, des Mozart, des Hérold n'en eurent besoin en leur temps.

Les décors, auxquels on attache une si grande importance quand on monte un opéra et qui absorbent une grande partie de la subvention, ne devraient, pour ainsi dire, être plus nécessaires dans l'état actuel de l'art. La musique d'aujourd'hui, en effet, est une musique essentiellement descriptive ; elle tend de plus en plus à se rapprocher de la nature, à en peindre toutes les scènes, à donner par les sons l'image et comme la sensation des choses. Autrefois, lorsque la musique avait encore un caractère symphonique et abstrait, il pouvait être nécessaire de guider le spectateur en mettant matériellement devant ses yeux la scène où se développait le poème ; aujourd'hui, le véritable décor d'un opéra est dans l'orchestration. J'en appelle à tous ceux qui ont vu jouer la *Damnation de Faust*, le *Roméo et Juliette* de Berlioz, ou les opéras de Meyerbeer. Est-ce que, dans la *Course aux Abîmes*, la musique pure ne nous fait pas voir les lieux sauvages et effrayants que traversent les deux voyageurs ? Est-ce que, dans le morceau intitulé *les Bords de l'Elbe*, nous ne voyons pas aussi nettement que si nous avions une toile devant nous, un paysage plein de calme et de fraîcheur ? Je pourrais citer aussi le *Prophète*, *Robert le Diable* et l'*Africaine*, dont le fameux vaisseau a coûté près de cent mille francs. Supposez que, dans un avenir plus ou moins prochain, on veuille jouer à l'opéra *le Vaisseau-Fantôme*, de Richard Wagner, il serait vraiment puéril qu'on s'attachât à exprimer par la mise en scène ce qui l'est déjà merveilleusement dans la partition. Le véritable décor de l'œuvre lyrique est dans l'orchestre, décor invisible, mais d'une facture bien plus ouvragée, d'une coloration bien plus riche et d'un horizon bien plus large que ne saurait l'être l'œuvre du peintre. C'est donc un mauvais service que l'on rend à la musique en attirant le regard du spectateur vers le décor qui est sur la scène et en le détournant du décor qui est dans l'orchestre.

D'un autre côté, on plaide la cause de l'art quand on demande que la musique soit débarrassée de tous les accessoires qui la surchargent et respectée comme une langue qui exprime suffisamment par elle-même ce qu'elle veut. Dira-t-on que le public n'a pas une imagination assez vive et un sens assez délicat pour pouvoir se passer du décorateur ? Cette objection serait réfutée par l'enthousiasme qu'ont provoqué au Châtelet et au Cirque-d'Hiver des opéras joués sans décors et par des chanteurs sans costumes.

Entrons dans une voie nouvelle, et ne suivons plus les errements monarchiques de l'empire. Montrons que dans cette matière, comme dans les autres, les idées de la République ne sont pas celles d'un despotisme énervant et corrupteur.

J'ai établi, si je ne me trompe, la première partie de ma thèse, à savoir que la subvention demandée pour l'Opéra est contraire aux véritables règles d'une sage économie et aux intérêts de la musique. Je voudrais montrer maintenant, en peu de mots, que la subvention demandée par M. le Ministre est véritablement inutile pour produire les résultats qu'il veut atteindre : tenir haut le drapeau de l'Académie de musique.

II

AUTANT qu'un autre je suis ami de la musique, et je prie mes lecteurs de ne point m'appliquer le vers d'Amphytrion ; mais j'estime, que de même que toutes les autres forces vives de la nation se développent harmonieusement sous la bienfaisante influence de la liberté, de même la musique (que la France n'a pas inventée et qui n'est pas un des caractères de son génie) se développera, si au lieu de la subventionner on la laisse aller à son libre essor et si on ne lui impose pas les entraves d'une règlementation qui est la conséquence fatale de la subvention. J'en appelle à M. le Directeur des beaux-arts, à M. Turquet qui a des rapports constants et obligés avec les artistes, et dont l'esprit est trop véritablement libéral pour ne pas être de cet avis.

Je ne veux pas faire de la statistique et prouver avec des chiffres que les plus grandes entreprises artistiques, au point de vue du théâtre, ont été fondées, se fondent et prospèrent, surtout quand les particuliers seuls, sans le secours de l'État, sans autres millions que les leurs, en supportent toute la responsabilité. Je pourrais, s'il me convenait, citer, pour exemples, les exploitations théâtrales de l'Amérique et de l'Angleterre; et en comparant l'état des recettes, les bénéfices, sans subvention de l'État, réalisés par les impresarii libres de ces pays libres, je prouverais l'inutilité des subventions par des arguments toujours irrésistibles : des chiffres; mais le moyen serait long, et je veux l'épargner à mes lecteurs. Je dirai cependant que les entrepreneurs, ou plutôt les directeurs d'opéra, en Angleterre et en Amérique, réunissent des troupes que le directeur de l'Opéra de Paris, même subventionné, même aidé de M. Proust, ne pourrait réunir avec son cahier des charges. Et non seulement, ils réunissent ces troupes remarquables en les payant des prix fabuleux;

et non seulement, ils montent merveilleusement toutes les grandes œuvres artistiques, mais ils réalisent de considérables bénéfices. Pourquoi ? parce que les directeurs montent les pièces qui leur conviennent, parce qu'ils ont le droit de faire payer les places aussi cher qu'ils le peuvent ; et comme, malgré le proverbe, leur intérêt est de faire plutôt mieux que bien, ils n'hésitent pas à aller de l'avant. Ils hésitent d'autant moins, qu'ils savent que, derrière eux, ils y a des concurrents tout disposés et tout prêts à leur succéder. Parce que dans ces pays d'initiative et de liberté, le gouvernement ne cherche pas à se mêler de tout, et laisse chacun suivre ses inspirations, je pourrais même dire ses entraînements.

Ce n'est pas là qu'on aurait l'idée de règlementer l'art et les artistes, et on étonnerait grandement les Parlements de ces pays libres, si on venait leur donner connaissance d'un cahier des charges en 400 articles, comme celui qu'on a pu lire à la suite du rapport de M. Proust.

J'aurais beau jeu à me servir de ce document pour le montrer puéril et ridicule ; je ne veux pas me donner cette facile satisfaction.

On croit bon qu'il y ait, à Paris, un théâtre d'Opéra qui, par l'éclat fastueux de ses représentations, provoque l'admiration du monde entier et soit pour la capitale de la France une irrésistible attraction; soit, je le veux aussi.

Je ne me préoccupe même pas aujourd'hui de savoir si les charges de ce soin ne devraient pas incomber à la commune de Paris ; je prends les choses telles qu'elles sont, et je dis :

Ce que vous voulez, vous pouvez l'avoir ; ce ne sont pas les 800,000 fr. que vous nous demandez qui vous le procureront; vous avez un monument comme il n'en existe pas; il a coûté à la France, je ne sais combien de millions; eh bien, ce monument, en prenant toutes les garanties possibles, au point de vue de l'usage matériel de l'immeuble et de ses accessoires, donnez-le à l'entrepreneur qui vous le louera le plus cher, et à cet entrepreneur, au lieu de lui donner une subvention, donnez-lui la liberté. Ne lui dites pas : tu joueras tant de fois par an; tu feras payer les places tel prix; tu engageras tel ou tel artiste; tu joueras, chaque douze mois, tant d'actes nouveaux de ballets ou d'opéra, que sais-je encore; ne lui dites rien de tout cela. Laissez-le faire à sa guise et selon ce que lui conseilleront ses intérêts, qu'il connaîtra mieux que vous.

Si l'Opéra reste un simple immeuble national que la République n'a pas dû laisser inachevé, et si un locataire quelconque peut le demander à l'État contre de bonnes espèces sonnantes, des entrepreneurs recommandables et nombreux viendront bientôt. Il n'y a pas que M. Gye de Covent-Garden.

Et alors, le fastueux monument de M. Garnier, au lieu de coûter 800,000 fr. aux contribuables chaque année, somme qui, je le crains, peut augmenter encore, ce domaine de la nation qui lui a déjà beaucoup trop coûté, rapportera à l'État une somme que je n'ai pas peur d'évaluer à un million.

Le candidat, le locataire accepté donnera

à Paris tout ce qu'il pourra demander de musique, de danse, de décors somptueux.

Paris — j'entends celui qui peut aller à l'Opéra — payera, sans murmurer, le prix des places établi par l'entrepreneur, car il saura que l'argent public n'est pour rien là-dedans.

Or, cet entrepreneur, pour faire des recettes et garantir son entreprise, ne pourra faire autrement que de jouer les chefs-d'œuvre qui passionnent les dilettanti : Meyerbeer, Halevy, Rossini, Mozart, Donizetti, Gluck, Gounod, Thomas, Auber; les maîtres du passé, les maîtres du présent, les maîtres de tous les pays seront joués aussi bien et presque aussi souvent que jadis. Donc, l'art sera sauvegardé. Ceux qui l'aiment, ceux qui sont assez riches pour le payer chèrement, pourront satisfaire leurs goûts avec leur argent, sans la contribution des deniers de mes électeurs et de ceux de M. A. Proust, qui ne verront jamais un opéra.

On aura fait une économie sérieuse qu'on pourra utilement employer à des dégrèvements dont Paris et la France tout entière seront reconnaissants au gouvernement.

On pourra même, j'espère, sans bourse délier, utilement employer cette économie à répandre, dans les classes laborieuses et populaires, le goût de la musique qui, je le répète, élève et élargit l'âme d'une nation.

Que l'on protége, si l'on veut, un théâtre essentiellement démocratique et sincèrement artistique, le *Théâtre-Lyrique* ou l'*Opéra populaire*, peu m'importe le nom ; qu'on lui donne le droit de jouer simplement, pauvrement tous les chefs-d'œuvre du génie humain, et que, par le prix des places, on rende accessibles à tous, les jouissances de ces spectacles !

Mais, au nom de l'économie, au nom des principes républicains, au nom de la musique elle-même, que l'État renonce, à l'égard de l'Opéra, à un système de subvention et d'exploitation presque directes ; qu'il ne s'expose pas à entendre dire, comme en 1850, qu'il ne favorise les théâtres qu'en vue d'une spéculation mal déguisée ; que l'État relève l'art en le laissant libre et pur !

www.ingramcontent.com/pod-product-compliance
Ingram Content Group UK Ltd.
Pitfield, Milton Keynes, MK11 3LW, UK
UKHW021032220726
13924UKWH00001B/269

9 782019 935801